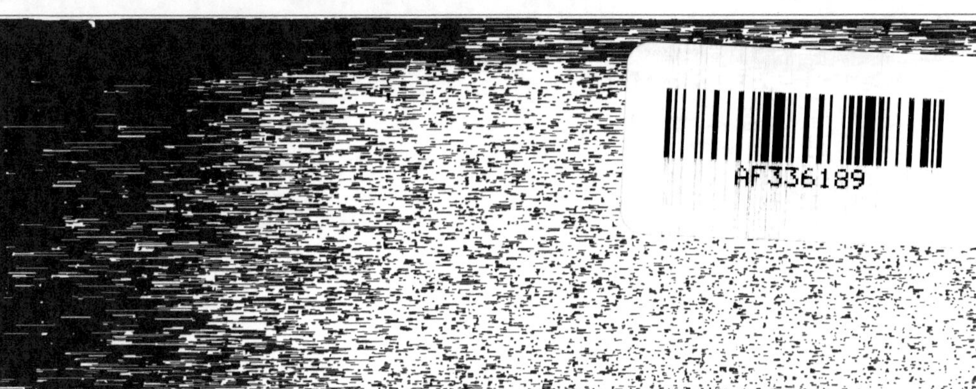
AF336189

I 27 n
28896

NOUVELLES

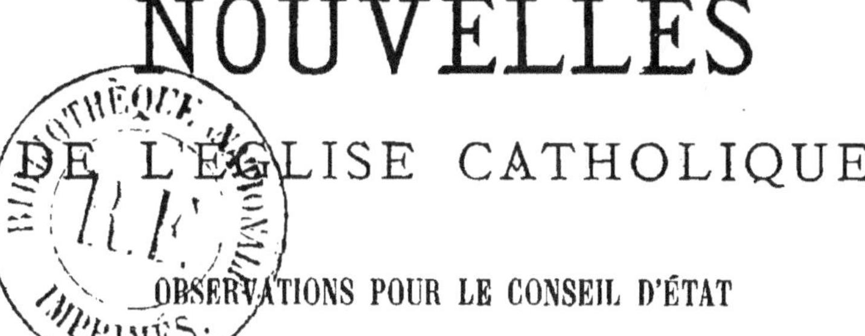

DE L'ÉGLISE CATHOLIQUE

OBSERVATIONS POUR LE CONSEIL D'ÉTAT

L'inscription du recours de M. l'abbé Dauphin au rôle de la séance publique du Conseil d'État est ordonnée pour le 6 août 1875 par M. le Président de la section du contentieux.

Préalablement, il y a chose avouée sur le point décisif du recours, et les questions posées par la section du contentieux le 21 juillet 1875 sont des questions de dispositif et de conséquence.

Lettre de l'Archevêché de Sens à M. l'abbé Dauphin
(7 janvier 1867).

« Monsieur et cher Abbé,

» Sa Grandeur Mgr l'Archevêque, me charge de vous accuser réception de votre lettre datée du 5 et parvenue hier, 6, à Sens, par laquelle vous vous dites « *obligé de déclarer que vous appelez, de son jugement* » comme de la sentence et de la lettre imprimée de » Mgr de Troyes, à Notre Saint-Père le Pape selon les » règles de l'Église notre Mère. »

» Recevez, Monsieur et cher Abbé, l'assurance de mes affectueux sentiments.

» SICARDY, *vicaire général.* »

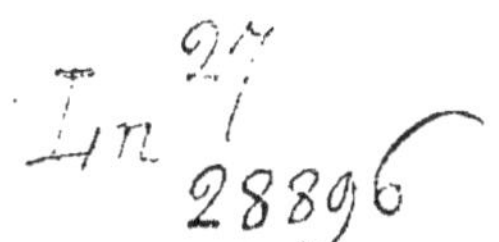

M. l'abbé Dauphin à M. le Préfet de l'Aube
(22 novembre 1873).

« A plusieurs reprises, il est vrai, et à bien des titres, j'ai réclamé et protesté.

» Mais, aujourd'hui, je laisse de côté provisoirement la question de savoir ce qui était provisoirement exécutoire avant le décret du 30 octobre 1872.

» Je dis seulement que depuis le décret rien ne m'est opposé par vous, Monsieur le Préfet, comme exécutoire contre les arrêtés ministériels dont j'ai l'honneur de vous demander l'observation, ainsi que je le déclare à M. le Recteur de Dijon dans ma lettre d'avant-hier.

» Je prie Monsieur le Préfet et Monsieur le Recteur de vouloir bien considérer que ces arrêtés sont des actes d'administration publique ayant force de loi en vertu de l'autorité nationale. »

Décret du 30 octobre 1872.

« Considérant que les aumôniers, de même que les desservants et vicaires, sont révocables au gré des évêques... »

Prière de l'Évêque de Troyes
au Ministre de l'Instruction publique,
du 6 février 1867.

« Je serais fort reconnaissant si Votre Excellence voulait bien dire à M. l'Inspecteur d'Académie de Troyes, par les voies les plus promptes, qu'il fasse savoir à M. l'abbé Dauphin que, jusqu'à nouvel ordre, on ne compte pas sur lui pour les instructions religieuses, ni pour les autres fonctions spirituelles au Lycée ni à l'École ; et qu'il en prévienne M. le Proviseur du Lycée, et M. le Directeur de l'École normale primaire. »

Rescript de Rome à l'Évêque de Troyes, du 7 juin
1869, d'après une lettre de l'Évêque à M. l'abbé
Carlier, chanoine de Sens.

« Ce sera à vous, Vénérable Frère, de trouver les moyens d'assurer au prêtre lui-même un traitement convenable et honorable et de pourvoir à sa situation ».

Paroles du Nonce à M. l'abbé Dauphin,
septembre 1869.

« Le comte Armand, du ministère des Affaires étrangères, vient de me parler de vous. Votre Évêque vous doit une belle place, c'est l'intention du Saint-Père ; j'écrirai à l'Évêque et à l'Archevêque de Sens. »

Dans une lettre du mois d'avril 1869, M. le comte Armand avait dit à l'un de ses amis :

« La cour de Rome cherche à arranger cette affaire à l'amiable. »

Lettre d'un avocat romain à son ami de Pont-sur-Seine,
29 novembre 1869.

« Une lettre de conciliation partie de Rome aurait dû obliger l'Évêque, et s'il n'a pas obéi au conseil de la Sacrée Congrégation du Concile, il n'aurait pas non plus obéi à un décret.

» A présent, la seule chose, c'est de faire connaître à Mgr Giannelli (alors secrétaire de la Sacrée Congrégation du Concile, et depuis Cardinal comme le Nonce) que la lettre écrite à Mgr Ravinet n'a pas produit son effet, et que les choses sont restées comme avant le conseil donné à l'évêque. »

M. l'abbé Dauphin à M. l'abbé Bacquiat, chanoine, vicaire général, supérieur du Grand - Séminaire, membre du Conseil épiscopal, 12 décembre 1870.

« Quant aux actes des 19 et 20 décembre 1866... et du 28 janvier 1867 et 13 janvier 1868, tous ces actes sont-ils soutenables en leur forme et teneur ?

» Quel est là-dessus le jugement, la sentence définitive ?...

» Vous-même, Monsieur, vous m'avez déclaré avant tout que le Saint-Père avait *ordonné*, non pas le jugement de l'affaire, mais quelque chose de provisoire, de *pratique*, c'est votre expression, afin qu'il soit pourvu à ma situation.

» Or, voilà tout le résumé de ma lettre du 2 avril 1870. »

Décret du 30 octobre 1872.

Le recours est rejeté « sur le quatrième chef d'abus, mesure administrative du 27 janvier 1867 retirant à l'abbé Dauphin la direction spirituelle de l'École normale et du Lycée de Troyes. »

Or, cette hypothèse d'un acte épiscopal du 27 janvier 1867 distinct de l'acte du **28** non objectivé par le décret, est un mensonge et un néant.

L'acte du **28** janvier **1867**, frappé d'appel comme d'abus, en tant qu'il prétendait faire cesser complètement les pouvoirs et fonctions de M. l'abbé Dauphin, aumônier de l'École normale et du Lycée, est une lettre définitivement morte, abandonnée par l'Évêque et le Ministre, et non objectivée par le décret qui a statué sur un mensonge et un néant.

La nomination par autorité épiscopale de M. l'abbé Dauphin, chanoine honoraire, aumônier de l'École normale et du Lycée de Troyes, à une paroisse du diocèse n'était pas acceptable, même en assimilant sa situation à celle des desservants et vicaires, parce que l'enquête ou inquisition dissimulée, mais notoire, faite sur son enseignement, sur ses fonctions, par un vicaire général, auprès des élèves de l'École normale de Troyes, donnait à cette translation un caractère indigne et inconciliable avec l'honneur professionnel et sacerdotal.

Devant l'Église, en vertu de la règle pastorale, *honor meus, honor vester*, M. l'abbé Dauphin avait le droit et le devoir de n'y pas consentir, pour lui, pour les établissements desquels on le séparait et pour la paroisse à laquelle on l'envoyait. L'Église n'admet pas les translations sacerdotales ayant un caractère odieux ou pénal. Il faut punir ou ne pas punir.

Devant l'État, l'acte épiscopal de nomination du 28 janvier 1867 a été abandonné par l'Évêque et le Ministre comme un acte de *nomination par indulgence*, selon le rapport ministériel du 12 juin 1872, qui a supposé un acte *antérieur* de *révocation par punition*, et qui a fait statuer le décret du 30 octobre 1872, sur cette hypothèse d'un acte épiscopal du 27 janvier 1867, qui n'existe pas et qui est un mensonge et un néant.

Lettre de M. l'abbé Dauphin à M. le Président de la section du contentieux et à MM. les Conseillers d'État, du mois de juillet 1874, relativement à son recours du 18 février 1874.

« Messieurs,

» Afin de vous prouver que vous ne pouvez pas dire que mon recours est rejeté, il me suffit de vous demander la transcription, dans votre décision, de l'acte épiscopal que le Ministre aurait, en exécution du décret et selon ses observations, à maintenir contre mes titres. »

A Monsieur le vicomte du Martroy, conseiller d'État,
président de la section du contentieux.

« Monsieur le Président,

» J'ai écrit de nouveau, le 28 février 1875, à M. Paul Andral, Président du Conseil statuant au contentieux.

» Précédemment, lors des grandes vacations du Conseil d'État, j'avais écrit cette lettre au Président : « Monsieur le Président, le Ministre, exécuteur du » décret, ayant reconnu, par sa réponse du 17 août ». 1874, que la mesure administrative du 27 janvier » 1867, supposée par le décret comme me retirant la » direction spirituelle de l'École normale et du Lycée » de Troyes, n'existe pas ; et abandonnant avec » sagesse et loyauté une insoutenable interprétation » du décret, dans laquelle l'administration des cultes » s'était retirée, ne s'en réfère plus qu'aux décisions du » contentieux par sa réponse toute récente du 29 août » 1874 ».

» Mais la mesure administrative du 27 janvier » 1867 — qui serait, selon l'arrêt des 9-25 avril » 1873, une *décision épiscopale* me retirant la direction

» spirituelle de l'École normale et du Lycée de Troyes
» — n'existant pas, quel devoir ou quel droit contraire
» à mes titres, le Conseil d'État, statuant au conten-
» tieux pour l'exécution du décret, aurait-il imposé ou
» donné au Ministre exécuteur du décret ?

» Si la vérité, l'honneur et la raison sont des lois
» suprêmes devant l'État, devant l'Église et devant
» Dieu, la cause est finie et la victoire est bien à moi.

» Vous êtes bon juge, en fait de victoire, Monsieur
» le Président ; aussi bien je vous prie de dire au
» Ministre que j'ai toujours la direction spirituelle de
» l'École normale et du Lycée de Troyes. »

» Le Ministre s'était exprimé en ces termes dans
sa réponse du 29 août 1874 : « Le Conseil d'État,
» d'ailleurs, a statué depuis longtemps sur les recours
» multiples que vous avez introduits auprès de la
» section du contentieux. »

» Par sa réponse de vive voix, du 17 mars 1875,
M. le Président du Conseil, statuant au contentieux, a
bien voulu reconnaître que pour l'exécution du décret
du 30 octobre 1872, le Conseil, statuant au contentieux, n'a imposé aucun devoir contraire à mes titres
au ministre exécuteur du décret, et que le Conseil,
statuant au contentieux, n'a donné aucun droit con-

traire à mes titres au ministre exécuteur du décret.

» La conclusion vraie et loyale, raisonnable et légale, concordataire et civile de l'exécution du décret est donc bien le respect de mes titres par le Ministre, exécuteur du décret, et pour cela l'article 2 du décret avec la formule exécutoire des arrêts corrélatifs au décret, me donne vraiment et réellement toute la force du droit national.

» Quel est donc, après les lettres que M. le Président de la section du contentieux m'a accordées le 22 juillet 1874, le différend qui existerait encore aujourd'hui entre le Ministre, exécuteur du décret national et moi

L'abbé ACHILLE ARCADE ÉDOUARD DAUPHIN

de Pont-sur-Seine

prêtre, chanoine honoraire de la Cathédrale

aumônier de l'Université de France

professeur d'instruction morale et religieuse

prédicateur et directeur spirituel

de l'École normale et du Lycée de Troyes

Précédemment (1853) professeur du Séminaire de Troyes

(1857) curé de la paroisse de Chauchigny

du même diocèse

(1858) secrétaire de Monseigneur Pierre Louis Cœur

évêque de Troyes

M. l'abbé Dauphin à M. le Ministre de l'Instruction publique et des Cultes (12 décembre 1873).

« Avant le décret du 30 octobre 1872, l'administration de l'Instruction publique avait toujours, depuis le 6 février 1867, admis, en droit, que l'exercice de mon autorité à l'Ecole normale et au Lycée de Troyes, dépendait uniquement de l'acte de translation du 28 janvier 1867, cité dans mon mémoire juridique imprimé en 1867, pour mon recours ecclésiastique et concordataire.

» Depuis le décret, il résulte de la communication qui m'a été faite, hier, de la part de l'inspection académique, en présence d'un magistrat, et qui est bien conforme à la parole préfectorale du 15 novembre dernier, et à la lettre préfectorale du 19 du même mois, mentionnée dans ma lettre au recteur du 20, que nulle décision épiscopale n'est plus invoquée et ne peut plus l'être contre moi, en vertu de mon décret.

» J'ai donc l'honneur, Monsieur le Ministre,
d'être toujours aumônier de l'université de France,
professeur d'instruction morale et religieuse,
prédicateur et directeur spirituel de l'École normale
et du Lycée de Troyes. »

*Observations présentées le 14 juillet 1875 par M. l'abbé
Dauphin à M. le Président de la section du contentieux et à MM. les Conseillers d'État.*

« Dans l'exécution légale du décret du 30 octobre
1872, la vérité pure et simple sur l'état de cette
affaire, c'est que l'acte du 28 janvier 1867, déféré
comme d'abus, a été abandonné par l'Évêque et le
Ministre, et n'a pas été objectivé par le décret ; et
que le Ministre exécuteur du décret reconnaît que
l'acte du 27 janvier 1867 sur l'hypothèse duquel a
statué le décret, n'existe pas. »

Explications.

Quant à l'acte apocryphe du 29, écrit par un vicaire
général de Troyes, protonotaire du Pape, et produit
avec les observations ministérielles du 7 mars 1873,
cet acte dissimulant le fond, la teneur et le caractère
de l'acte du 28, a été abandonné par les observations
ministérielles du 4 avril 1874 qui s'abandonnaient elles-
mêmes en substituant le 28 au 27 dans le texte cité du
décret, après la tentative de substituer la double date
du 29 au 28 et au 27 dans le texte du décret inséré au
Bulletin des Lois !
Et le rapport ministériel du 12 juin 1872 !
Et les rapports épiscopaux qui dissimulent le rescript

de Rome du 16 mars 1867 aux lettres épiscopales, du 10 janvier, et qui retranchent telles et telles paroles du rescript de Rome du 7 juin 1869 !

Et le rapport de l'évêché du 23 décembre 1871, produit avec les observations ministérielles, du 7 mars 1873, mentant sur tout et falsifiant tout, même la réponse du Pape !

D'après les paroles de M. Le Vavasseur de Précourt, auditeur-rapporteur au Conseil d'État, le rapport qui doit être préparé et écrit selon l'article 15 de la loi du 24 mai 1872, et qui doit être lu, selon l'article 17, au nom de la section, à l'assemblée publique du conseil statuant au contentieux, constaterait la réserve subsidiaire et extrême de la solution de l'affaire par les questions de mensonge, de faux et de prévarication relativement au décret, et la certitude actuelle d'une solution préalable de l'affaire par l'état de la chose civilement avouée sur le terrain du décret et dans l'exécution vraie et loyale du décret ; les questions à poser, pour la déclaration suprême, n'étant plus alors que des questions de dispositif et de conséquence qui résultent de la chose avouée sur le point principal du recours, préjugeant que le Ministre de l'Instruction publique et des Cultes, exécuteur du décret, ne doit pas maintenir, contre les titres de M. l'abbé Dauphin, l'acte de translation du 28 janvier 1867.

M. l'abbé Dauphin à M. le Président de la section du contentieux, 22 juillet 1875.

« Je suis venu au Conseil d'État. J'ai vu la feuille des questions écrite par M. le Vavasseur de Précourt, et j'ai transcrit cela :

» *Vici* ou *Vixi !*

» Est-ce *vixi,* pour le 6 du mois prochain ?

» Je ne le pense pas.

» C'est *vici,* car, mon recours du 18 février 1874 n'étant pas mis en question par la section du contentieux, n'est donc pas contredit par le ministre exécuteur du décret.

» Dès lors, il y a, de sa part, concession ou confession sur ce point principal, et il est certain que, dans l'exécution légale du décret, le Ministre de l'Instruction publique et des cultes ne doit pas maintenir contre mes titres l'acte de translation du 28 janvier 1867.

» Tel doit être l'arrêt du 6.

» Or, cela me suffit, et tout le reste est la conséquence de la vérité du droit et de la victoire de ma cause, au sujet du maintien, par le Ministre exécuteur du décret, de l'acte du 28, abandonné par l'Évêque et le Ministre, et non objectivé par le décret. »

Recours du 18 février 1874.

« Plaise au Conseil d'État, sur le recours de M. l'abbé Dauphin, agissant en vertu des lois françaises et des règlements ayant force de loi en France, contre le Ministre de l'Instruction publique, à cause d'un excès de pouvoirs, *dans l'exécution légale* d'un décret du 30 octobre 1872, par le maintien arbitraire, violent et perpétuel d'un acte ecclésiastique frappé d'appel, resté nul et invalide devant l'Église, et rejeté définitivement devant l'État comme une lettre morte, sans ratification de l'autorité nationale par le décret précité, et même sans notification par un arrêté ministériel;

» Juger *principalement* en droit que le Ministre de l'Instruction publique ne doit pas maintenir contre ses titres l'acte de translation du 28 janvier 1867. »

Par la chose avouée, cette conclusion juridique, spécialement exceptionnelle, « in principali causâ », devient une décision préalable et définitive. Il n'y a donc plus qu'à prononcer et à prescrire avec le recours d'une manière suprême en vertu de ces maximes :

« *In confessum nullæ partes judicis sunt nisi in condemnando.* »

« *Confessos in jure pro judicatis haberi placet.* »

(Lois romaines.)

*Observations ministérielles du 4 avril 1874, adressées à
M. le Président de la section du contentieux,*

« Vous m'avez fait l'honneur de me communiquer un
nouveau recours de M. l'abbé Dauphin, contre un excès de
pouvoirs que j'aurais commis en maintenant l'acte du 28 janvier 1867, qui lui a retiré ses titres et places universitaires. »

Certificats officiels du 6 août et du 19 novembre 1874 sur
l'état de l'affaire.

Ce double certificat décrivait l'acte du 28 janvier 1867
comme les observations ministérielles.

Conseil d'État.

« Le secrétaire du contentieux du Conseil d'État certifie
que, le 20 février 1874, M. l'abbé Dauphin a déposé au
secrétariat de la section du contentieux dudit Conseil, un
pourvoi tendant à faire déclarer que le Ministre de l'Instruction publique a commis un excès de pouvoirs en maintenant
l'acte du 28 janvier 1867 qui lui a retiré ses titres et places
universitaires. »

Conseil d'État.

« Le secrétaire du contentieux du Conseil d'État certifie
que M. l'abbé Dauphin a déposé, le 20 février 1874, au
secrétariat du contentieux dudit Conseil, un pourvoi tendant
à faire déclarer que le Ministre de l'Instruction publique *et
des Cultes* a commis un excès de pouvoirs en maintenant
l'acte du 28 janvier 1867 qui lui a retiré ses titres et places
universitaires. »

Le certificat du 19 novembre 1874 ajoute : *et des Cultes*. Il
suffit d'expliquer cela par l'article 2 du décret, et par le recours
expressément formé le 18 février 1874, enregistré le 19 à
Troyes, et déposé le 20 au Conseil d'État, contre le Ministre de
de l'Instruction publique, à cause d'un excès de pouvoirs, par
le maintien de l'acte du 28 janvier 1867, dans l'exécution
légale du décret ».

Le moyen légal, universitaire et concordataire du
recours est dans l'article 2 du décret du 30 octobre
1872, disposant que « le Garde des sceaux, Ministre
de la Justice, et le Ministre de l'Instruction publique
et des Cultes sont chargés, chacun en ce qui le
concerne, de l'exécution du présent décret qui sera
inséré au *Bulletin des Lois.* »

(Copie en forme de lettres-patentes de la préfecture de l'Aube.)

Troyes, imp. Bluhard, rue Urbain IV, 85

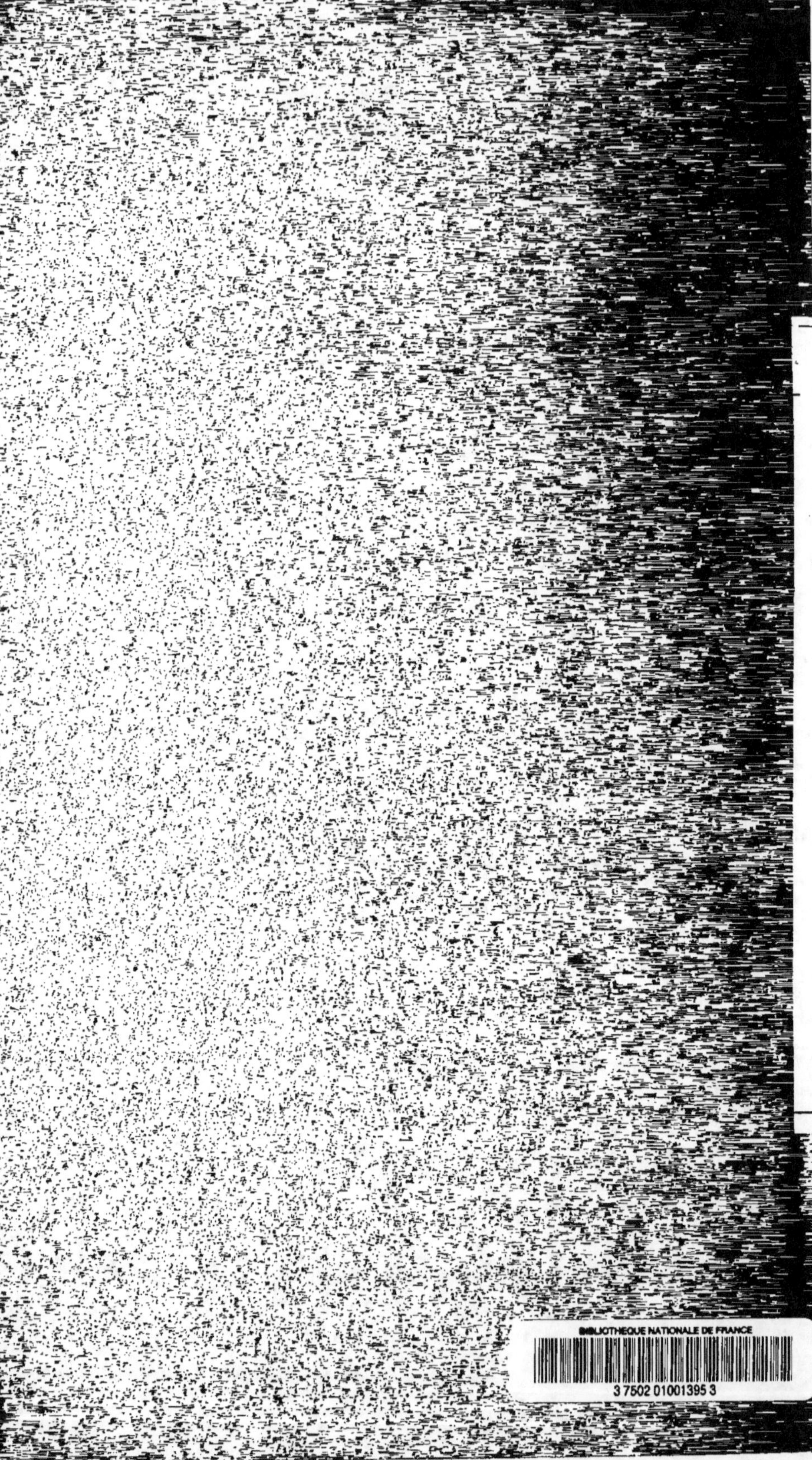